LA NOURRI ET MAISON POUR ANIMAUX DE COMPAGNIE LIVRE DE RECETTES

100 FRIANDISES SAVOUREUSES POUR VOTRE ANIMAL DE COMPAGNIE

LÉANDRE FABRON

TABLE DES MATIÈRES

4

INTRODUCTION

Il y a beaucoup de discussions sur l'opportunité de faire des recettes maison d'aliments pour chiens pour vos animaux de compagnie, de les nourrir avec une alimentation crue, d'acheter ou non tous les ingrédients biologiques.

De nombreux facteurs différents incitent les gens à essayer un nouvel aliment ou une nouvelle préparation alimentaire pour leur animal de compagnie, en particulier si votre animal est malade ou souffre du syndrome du côlon irritable ou quelque chose du genre. Passer de la nourriture achetée en magasin pourrait être votre réponse.

Vous obtiendrez probablement des aliments de meilleure qualité en les achetant et en les cuisinant vous-même. Cela garantit que vous savez d'où viennent vos ingrédients et qu'ils sont frais. Lorsque vous pensez à vos recettes de nourriture maison pour animaux de compagnie, gardez à l'esprit que les animaux biologiques et nourris à l'herbe seront la meilleure qualité de viande à consommer ; mais ne vous en faites pas si vous n'en avez pas les moyens, ce n'est pas nécessaire et le fait que vous vous souciez et soyez conscient de ce que votre chien mange est le plus important !

FRIANDISES POUR CHIENS

1. Boules de banane au beurre d'arachide

Ingrédients

- 1 banane
- 1 ⅔ tasse d'avoine à cuisson rapide
- ½ tasse de beurre de cacahuète entièrement naturel
- ½ tasse d'épinards, hachés
- ¼ tasse de miel entièrement naturel

les directions

a) Ecraser la banane à la fourchette

b) Mélanger les épinards ou hacher très petit

c) Ajouter tous les ingrédients ensemble et bien mélanger

d) Congeler environ 30 minutes

e) Former des boules et réserver au frais

2. Boulettes De Viande De Bœuf

Ingrédients:

- 10 livres de boeuf haché

- 10 œufs

- 1 1/2 tasse de riz

- 3 tasses de brocoli et de carottes hachés Persil haché en option et saupoudré de chapelure

les directions:

a) Cuire le riz et les légumes jusqu'à ce qu'ils soient tendres

b) Ajouter tous les ingrédients ensemble et mélanger dans un grand bol

c) Former des boules et déposer sur une plaque à biscuits graissée.

d) Cuire au four à 400 degrés jusqu'à cuisson complète, soit environ 40 minutes

e) Refroidir et servir !

3. Riz au boeuf et au poisson

Ingrédients:

- 4 livres de boeuf haché

- 1 patate douce

- 1 ⅓ tasse de riz blanc

- 1 boîte de maquereau

- 4 tasses de petits pois et de carottes

- 6 oeufs

- 6 coquilles d'œufs

- 1 cuillères à soupe de romarin, finement haché

- 1 cuillère à soupe de gingembre, haché finement

les directions:

a) Cuire le riz jusqu'à ce qu'il soit tendre

b) Faites bien cuire le boeuf haché et assurez-vous de bien égoutter toute la graisse

c) Piquer la patate douce avec une fourchette et cuire au micro-ondes pendant 10 minutes ou jusqu'à ce qu'elle soit tendre

d) Cuire les coquilles d'œufs à 350 degrés pendant 7 minutes sur une plaque à biscuits, une fois terminé, mélanger ou écraser jusqu'à ce qu'ils forment une poudre

e) Faire cuire les légumes à la vapeur puis les écraser avec le romarin et le gingembre

f) Égoutter le maquereau

g) Ajouter tous les ingrédients dans le pot de riz avec les œufs et chauffer tous les ingrédients ensemble jusqu'à ce que les œufs soient cuits

4. Ragoût de bœuf

Ingrédients:

- 1 1/2 livres de boeuf - n'importe quel type

- 1 patate douce

- $\frac{1}{2}$ tasse de carottes

- $\frac{1}{2}$ tasse de petits pois surgelés

- 2 cuillères à soupe d'huile de noix de coco

- L'eau

les directions:

a) Poêler le boeuf jusqu'à ce qu'il soit bien cuit et égoutter la graisse

b) Piquer la patate douce à la fourchette et au micro-ondes pour

c) 10 minutes ou jusqu'à tendreté

d) Faites cuire les carottes et les pois à la vapeur jusqu'à ce qu'ils soient tendres

e) Ajouter tous les ingrédients dans une casserole et ajouter suffisamment d'eau pour couvrir les ingrédients, puis laisser mijoter pendant environ 20 minutes.

f) Refroidir et servir !

5. Oeufs verts et boeuf

Ingrédients:

- 2 livres de boeuf

- 5 oeufs

- $\frac{1}{4}$ tasse de poudre de varech

- 1 botte de chou frisé

- 1 tasse de bouillon

les directions:

a) Bien cuire le bœuf et égoutter toute graisse

b) Ajouter le chou frisé et le varech au bouillon et laisser mijoter jusqu'à ce qu'ils soient chauds, environ 5 minutes

c) Ajouter les œufs et le bœuf au bouillon et chauffer jusqu'à ce que les œufs soient cuits

d) Refroidir et servir

6. Bœuf au curcuma

Ingrédients

- 2 livres de boeuf

- 1 livre de brocoli

- 1 tasse de riz blanc

- $\frac{1}{4}$ tasse de poudre de curcuma

- 2 cuillères à soupe d'huile de noix de coco

les directions

a) Bien cuire le boeuf

b) Cuire le riz jusqu'à ce qu'il soit tendre

c) Brocoli vapeur

d) Ajouter tous les ingrédients au riz

7. Poulet Brocoli et Riz

Ingrédients

- 5 livres de poitrines de poulet

- 4 livres de brocoli, haché

- 1 $\frac{1}{4}$ tasse de riz

- 2 cuillères à soupe d'huile d'olive

les directions

a) Faire bouillir la poitrine de poulet jusqu'à ce qu'elle soit complètement cuite

b) Cuire le riz jusqu'à ce qu'il soit tendre pendant la cuisson du poulet

c) Cuire le brocoli à la vapeur au micro-ondes jusqu'à ce qu'il soit tendre

d) Égoutter toute l'eau et mélanger tous les ingrédients ensemble

8. Poulet fruité

Ingrédients

- 2 livres de poitrines de poulet

- 1 tasse de riz blanc

- $\frac{1}{2}$ tasse de bleuets

- $\frac{1}{2}$ tasse de poires

- $\frac{1}{2}$ tasse de cerises dénoyautées

- Coquilles d'œufs cuites en option pour ajouter du calcium et des nutriments

les directions

a) Faire bouillir le poulet jusqu'à ce qu'il soit complètement cuit

b) Faire bouillir le riz jusqu'à ce qu'il soit tendre

c) Hacher les fruits

d) Égoutter toute l'eau, laisser refroidir le poulet et le riz, puis mélanger le tout

9. Avoine et Poulet

Ingrédients

- 2 livres de poitrine de poulet

- 1 tasse de riz

- ⅔ tasses d'avoine à cuisson rapide

- 2 tasses d'épinards

- ½ tasse de carottes

- ½ tasse de yaourt nature

- ½ tasse de persil haché

- 2 cuillères à soupe d'huile d'olive

les directions

a) Cuire le riz jusqu'à ce qu'il soit tendre

b) Faire bouillir le poulet jusqu'à ce qu'il soit complètement cuit, puis égoutter l'eau

c) Faites cuire les épinards et les carottes à la vapeur jusqu'à ce qu'ils soient tendres et hachez-les

d) Ajouter tous les ingrédients ensemble

10. Crock Pot patates douces et poulet

Ingrédients

- 2 livres de poitrine de poulet

- 1 patate douce coupée en morceaux

- 1 tasse de riz

- $\frac{1}{2}$ tasse de haricots verts hachés

- $\frac{1}{2}$ tasse de carottes hachées

- 2 cuillères à soupe d'huile d'olive Facultatif 1 cuillère à soupe de romarin

les directions

a) Placer tous les ingrédients dans la mijoteuse et cuire à puissance élevée pendant 5 heures, ou jusqu'à ce que le poulet soit complètement cuit et que tous les ingrédients soient tendres

11. Poulet à la sauge et patate douce

Ingrédients

- 2 livres de poulet
- 2 patates douces
- $\frac{1}{2}$ livre d'épinards
- Environ 15 feuilles de sauge (ou un demi-paquet)
- 4 cuillères à soupe d'huile d'olive

les directions

a) Faire bouillir le poulet jusqu'à ce qu'il soit bien cuit

b) Piquer la patate douce avec une fourchette et passer au micro-ondes pendant 10 minutes

c) Faire chauffer l'huile d'olive dans une poêle sur la cuisinière, ajouter les feuilles de sauge et cuire à feu moyen pendant 2 minutes

d) Ajouter les feuilles d'épinards et cuire jusqu'à ce qu'elles soient flétries

e) Hacher et ajouter tous les ingrédients ensemble

12. Poisson frit

Ingrédients

- 2 livres de poisson blanc

- 2 boîtes de saumon rose

- 2 oeufs

- 1 tasse de courgettes

- $\frac{1}{2}$ tasse de haricots verts

- $\frac{1}{2}$ tasse de pois

les directions

a) Cuire le poisson comme le suggèrent les emballages

b) Faire bouillir les courgettes, les haricots verts et les pois jusqu'à ce qu'ils soient tendres

c) Mélanger le saumon en conserve et les œufs avec les légumes

d) Vidanger l'eau

e) Mélanger tous les ingrédients ensemble

13. Poisson Tahin

Ingrédients

- 4 livres de poisson blanc
- 1 tasse de bouillon
- 1 boîte de pois chiches
- 4 œufs
- 1 tasse de carottes hachées
- $\frac{1}{2}$ tasse de tahini

les directions

a) Cuire le poisson jusqu'à ce qu'il soit complètement cuit

b) Ajouter le bouillon, les carottes et les haricots égouttés dans une casserole et laisser mijoter jusqu'à ce que les carottes soient tendres (vous pouvez également cuire les carottes à la vapeur avant de les mettre dans le bouillon)

c) Ajouter le tahini et remuer

d) Ajouter les oeufs et cuire

e) Ajouter le tout et mélanger

14. Poisson origan et persil

Ingrédients

- 4 livres de poisson blanc
- 1 patate douce
- $\frac{1}{2}$ livre de haricots verts
- 4 cuillères à soupe d'origan
- 4 cuillères à soupe de persil
- 2 cuillères à soupe d'huile d'olive

les directions

a) Cuire le poisson selon l'emballage

b) Piquer la patate douce avec une fourchette et cuire au micro-ondes pendant 10 minutes ou jusqu'à ce qu'elle soit tendre

c) Faire cuire les haricots verts à la vapeur jusqu'à ce qu'ils soient tendres

d) Ajouter tous les ingrédients ensemble et servir !

15. Mélange de saumon

Ingrédients

- 2 livres de saumon

- 1 tasse de riz

- 1 tasse de pois

- $\frac{1}{2}$ tasse de chou-fleur

les directions

a) Cuire le saumon (sauf si vous l'utilisez en conserve)

b) Cuire le riz jusqu'à ce qu'il soit tendre

c) Légumes vapeur

d) Mélangez le tout

16. Boulettes de Thon

Ingrédients

- 2 livres de thon en conserve

- 1 tasse de riz

- 4 œufs

- ½ livre d'épinards

- Huile de noix de coco et chapelure en option

les directions

a) Cuire le riz jusqu'à ce qu'il soit tendre

b) Ajouter les œufs et les épinards hachés au riz et chauffer jusqu'à ce que les œufs soient cuits et que les épinards soient flétris

c) Mélanger tous les ingrédients ensemble

d) Ajoutez quelques cuillères à soupe d'huile de noix de coco si le mélange doit être plus humide pour se former et ajoutez quelques cuillères à soupe de chapelure si le ventre de votre chiot peut supporter cela.

e) Former des boules et réfrigérer ou conserver en mélange

17. Brouillage à la dinde

Ingrédients

- 4 livres de dinde hachée

- 6 oeufs

- $\frac{1}{2}$ livre d'épinards

- $\frac{1}{4}$ tasse de carottes

- $\frac{1}{4}$ tasse de pois

- 2 cuillères à soupe d'huile de noix de coco

- Huile d'olive pour la cuisson de la dinde

les directions

a) Cuire la dinde hachée jusqu'à ce qu'elle soit bien cuite

b) Ajouter les œufs dans la dinde et chauffer jusqu'à ce qu'ils soient cuits

c) Légumes vapeur

d) Mélanger tous les ingrédients

18. Oeufs et Riz

Ingrédients

- 10 œufs

- 10 coquilles d'œufs

- 1 tasse de riz blanc nature

- $\frac{1}{2}$ tasse d'épinards

- 2 cuillères à soupe d'huile d'olive

les directions

a) Cuire les coquilles d'œufs à 350 degrés pendant 7 minutes, puis écraser

b) Cuire le riz jusqu'à ce qu'il soit tendre

c) Cuire à la vapeur et hacher les épinards

d) Cuire les œufs

e) Ajouter tous les ingrédients ensemble

19. Poulet et boeuf

Ingrédients

- 2 livres de poitrine de poulet

- 2 livres de boeuf

- 2 patates douces

- 1 tasse d'épinards hachés

les directions

a) Faire bouillir le poulet jusqu'à ce qu'il soit bien cuit

b) Cuire le boeuf jusqu'à ce qu'il soit bien cuit et assurez-vous d'égoutter la graisse

c) Piquer la patate douce avec une fourchette et passer au micro-ondes pendant 10 minutes jusqu'à ce qu'elle soit tendre

d) Hachez tous les ingrédients, mélangez et servez !

20. Turquie d'automne

Ingrédients

- 4 livres de dinde

- 1 boîte de potiron pur

- 1 courge jaune

- 2 cuillères à soupe d'huile de noix de coco

- 2 cuillères à soupe de persil

les directions

a) Cuire la dinde jusqu'à ce qu'elle soit bien cuite

b) Faites cuire la courge jaune à la vapeur et coupez-la en dés (ou faites-la frire avec la dinde cuite et ajoutez-y du persil !)

c) Ajouter tous les ingrédients et mélanger

21. Poulet et petits pois

Ingrédients

- 4 livres de poulet
- 2 tasses de pois
- 1 tasse de carottes
- 1 tasse de riz blanc nature
- $\frac{1}{4}$ tasse d'épinards

les directions

a) Faire bouillir le poulet jusqu'à ce qu'il soit cuit

b) Cuire le riz jusqu'à ce qu'il soit tendre

c) Pois, carottes et épinards à la vapeur et hacher

d) Ajouter tous les ingrédients ensemble et servir !

22. Poulet, pomme, mélange de feuilles

Ingrédients

- 4 livres de poitrine de poulet

- 5 oeufs

- 4 tasses d'épinards

- 2 pommes pelées

- 2 cuillères à soupe d'huile d'olive

les directions

a) Faire bouillir le poulet dans une marmite jusqu'à ce qu'il soit complètement cuit

b) Ajouter tous les autres ingrédients sauf les oeufs et laisser mijoter 10 minutes

c) Éteignez le brûleur et ajoutez les œufs

d) Remuez le tout, laissez refroidir, servez et conservez les restes !

23. Nachos au chou frisé

Ingrédients

- 2 bottes de Kale
- 1 livre de boeuf haché
- 1 boîte de haricots noirs (sans sel ajouté)
- 2 cuillères à soupe d'huile d'olive

les directions

a) Cuire le boeuf haché jusqu'à ce qu'il soit bien cuit, égoutter la graisse

b) Ajouter les haricots noirs au boeuf haché

c) Chauffer une autre poêle à feu moyen et ajouter 1 à

d) 2 cuillères à soupe d'huile d'olive

e) Retirez les feuilles de chou frisé de la tige et placez-les dans la casserole

f) Cuire le chou frisé pendant environ 10 minutes sur la poêle ou jusqu'à ce qu'ils soient croustillants

g) Ajouter le chou frisé au bœuf haché et aux haricots, mélanger et servir

24. Triple Trois

Ingrédients

- 1 livre de poulet

- 1 livre de boeuf

- 1 livre de saumon en conserve

- $\frac{1}{2}$ livre de brocoli

- $\frac{1}{2}$ livre de carottes

- $\frac{1}{2}$ livre de pois

- Coquilles d'œufs en option

les directions

a) Cuire le poulet et le boeuf jusqu'à ce qu'ils soient bien cuits

b) Brocoli vapeur, carottes et petits pois

c) Ajouter tous les ingrédients ensemble et servir !

25. Houmous au Poulet

Ingrédients

- 2 livres de poulet

- 4 boîtes de pois chiches

- $\frac{1}{4}$ tasse de tahini

- $\frac{1}{4}$ tasse de carottes hachées

- $\frac{1}{4}$ tasse d'huile d'olive

- 2 cuillères à soupe de poudre de varech

les directions

a) Faire bouillir le poulet jusqu'à ce qu'il soit cuit

b) Carottes à la vapeur et hacher

c) Bien rincer les pois chiches

d) Ajouter l'huile d'olive, le tahini, la poudre de varech et les pois chiches dans un mélangeur (ou une casserole et chauffer à feu moyen jusqu'à ce qu'ils soient complètement écrasés)

e) Mélanger ou écraser les ingrédients jusqu'à consistance lisse

f) Ajouter les carottes hachées et le poulet au houmous et mélanger

g) Servir!

26. Carrés de boeuf

Ingrédients

- 4 livres de bœuf en dés

- 3 tasses de bouillon

- 2 oeufs

- 1 livre de brocoli

- $\frac{1}{2}$ livre d'épinards

les directions

a) Cuire le boeuf jusqu'à ce qu'il soit bien cuit

b) Brocoli vapeur

c) Chauffer le bouillon dans une casserole à feu moyen et ajouter les épinards hachés et les œufs

d) Ajouter tous les ingrédients ensemble et servir !

27. Mélange de citrouille

Ingrédients

- 2 livres de poulet

- $\frac{1}{2}$ tasse de citrouille

- 1 boîte de pois chiches

- 1 tasse de chou-fleur

- 2 cuillères à soupe d'huile d'olive

- Coquilles d'œufs en option

les directions

a) Faire bouillir le poulet jusqu'à ce qu'il soit bien cuit

b) Rincez et égouttez les pois chiches et faites-les cuire avec l'huile d'olive jusqu'à ce qu'ils soient tendres, puis écrasez-les

c) Faire cuire le chou-fleur à la vapeur puis le hacher finement

d) Mélanger tous les ingrédients ensemble

28. Citrouille et courge

Ingrédients

- 2 livres de poulet

- $\frac{3}{4}$ boîte de potiron naturel pur

- 1 courge jaune

- 1 tasse de riz

- Pilule verte facultative, coquilles d'œufs ou multivitamines

les directions

a) Faire bouillir le poulet jusqu'à ce qu'il soit cuit

b) Cuire le riz jusqu'à ce qu'il soit tendre

c) Courges à la vapeur et dés

d) Ajouter tous les ingrédients ensemble et mélanger

29. Boules de citrouille

Ingrédients

- $\frac{1}{2}$ tasse de purée de citrouille

- 1 tasse de farine de noix de coco

- 1 tasse d'avoine à cuisson rapide

- 1 cuillère à soupe d'huile de noix de coco

- 1 oeuf

- 1 coquille d'oeuf

- 1 cuillère à soupe de miel

- $\frac{1}{4}$ tasse de yogourt nature

- $\frac{1}{4}$ tasse d'eau

les directions

a) Préchauffez le four à 350 degrés

b) Cuire la coquille d'oeuf pendant 7 minutes

c) Mélanger la coquille d'œuf et l'avoine jusqu'à ce que les deux soient une poudre fine

d) Mélanger tous les ingrédients ensemble

e) Former des boules ou celles-ci peuvent également être transformées en muffins

f) Cuire 15 minutes !

30. Gruau à la citrouille et aux baies

Ingrédients

- 2 tasses d'avoine coupée en acier

- $\frac{1}{4}$ tasse de purée de citrouille

- $\frac{1}{4}$ tasse de bleuets

- $\frac{1}{4}$ tasse d'épinards hachés

les directions

a) Cuire les flocons d'avoine jusqu'à ce qu'ils soient tendres

b) Hacher les myrtilles et les épinards

c) Ajouter tous les ingrédients ensemble

d) Servir!

31. Graines de citrouille et dinde

Ingrédients

- 2 tasses de graines de citrouille

- 2 livres de dinde hachée

- 4 cuillères à soupe d'huile d'olive

- 1 tasse de chou-fleur haché

- $\frac{1}{2}$ tasse de carottes hachées

les directions

a) Faire bouillir les graines de citrouille pendant 10 minutes

b) Préchauffer le four à 325 degrés

c) Tapotez les graines de citrouille pour les sécher et placez-les sur une plaque à biscuits avec un filet d'huile d'olive, faites cuire pendant 10 minutes

d) Faire cuire le chou-fleur et les carottes à la vapeur, puis les hacher

e) Ajouter tous les ingrédients ensemble

32. Beurre de cacahuète et poulet

Ingrédients

- 2 livres de poulet

- 1 tasse de beurre de cacahuète entièrement naturel

- 1 livre de carottes

- $\frac{1}{2}$ livre d'épinards

- 2 cuillères à soupe d'huile de noix de coco

les directions

a) Faire bouillir le poulet jusqu'à ce qu'il soit cuit

b) Hacher les épinards et les carottes et cuire à la vapeur

c) Faire fondre le beurre de cacahuète et l'huile de noix de coco ensemble jusqu'à ce qu'ils soient plus doux (tout le beurre de cacahuète naturel a tendance à être plus collant)

d) Ajouter tous les ingrédients ensemble et mélanger

33. Patate douce et beurre de cacahuète

Ingrédients

- 4 patates douces

- 1 tasse de riz blanc

- 1 tasse de beurre de cacahuète entièrement naturel

- 1 pomme, pelée et coupée en dés

- $\frac{1}{2}$ tasse de carottes

les directions

a) Cuire le riz jusqu'à ce qu'il soit tendre

b) Piquer la patate douce et passer au micro-ondes pendant 10 minutes jusqu'à ce qu'elle soit tendre

c) Carottes à la vapeur et hacher

d) Beurre de cacahuète au micro-ondes pour ramollir

e) Ajouter tous les ingrédients ensemble

34. Gruau au beurre d'arachide

Ingrédients

- 3 tasses d'avoine coupée en acier

- 1 tasse de bleuets

- 1 tasse de beurre de cacahuète entièrement naturel

- 2 cuillères à soupe d'huile de noix de coco

les directions

a) Cuire l'avoine jusqu'à ce qu'elle soit tendre

b) Faire chauffer le beurre d'arachide et l'huile de noix de coco au micro-ondes jusqu'à ce qu'ils soient moins collants

c) Mélanger tous les ingrédients ensemble et servir !

35. Mélange de beurre d'arachide

Ingrédients

- 3 livres de dinde

- 1 tasse de carottes

- 1 tasse de céleri

- 1 tasse de beurre de cacahuète entièrement naturel

- $\frac{1}{2}$ tasse d'épinards

- 2 cuillères à soupe d'huile de noix de coco

les directions

a) Cuire la dinde

b) Carottes et céleri à la vapeur et hacher

c) Hacher les épinards

d) Mélanger tous les ingrédients ensemble et servir

36. Friandises à la citrouille

Ingrédients

- 2 tasses de farine de noix de coco
- ½ tasse de beurre de cacahuète entièrement naturel
- 1 tasse de citrouille pure
- 2 oeufs

les directions

a) Chauffer le four à 350 degrés

b) Mélanger ou fouetter les ingrédients ensemble

c) Placer dans le plat à friandises désiré

d) Cuire 10 à 15 minutes

37. Sucettes glacées au beurre d'arachide

Ingrédients

- 2 livres de yogourt nature à la vanille

- 1 tasse de beurre de cacahuète entièrement naturel

- 2 cuillères à soupe d'huile de noix de coco

les directions

a) Faire fondre le beurre d'arachide et l'huile de noix de coco ensemble au micro-ondes pour ramollir

b) Mélanger les ingrédients ensemble

c) Placer dans des papiers à muffins et congeler!

38. Croustilles aux pommes

Ingrédients

- Pommes

les directions

a) Préchauffer le four à 200 degrés

b) Lavez et évidez les pommes

c) Tapisser une plaque à pâtisserie de papier sulfurisé

d) À l'aide d'une mandoline, trancher finement les pommes en rondelles

e) Cuire les pommes pendant une heure et demie

f) Vous pouvez saupoudrer ce que votre chien souhaite dessus, persil, cannelle, etc.

39. Biscuits à la caroube

Ingrédients

- 1 tasse de farine de noix de coco

- $\frac{1}{2}$ tasse de poudre de caroube

- 1 cuillère à café d'huile de noix de coco

les directions

a) Préchauffez le four à 350 degrés

b) Vaporiser une plaque à biscuits avec un aérosol antiadhésif à la noix de coco

c) Mélanger tous les ingrédients jusqu'à ce que la pâte soit lisse (ajouter un peu plus d'eau si la pâte est trop sèche)

d) Utilisez n'importe quel type de farine pour fariner une surface de comptoir lisse

e) Rouler la pâte sur la surface farinée

f) Utilisez un emporte-pièce pour faire les formes

g) Placer les biscuits sur une plaque à biscuits et cuire 10 à 15 minutes

h) Refroidir et conserver au frais

40. Coupes de yaourt et de caroube

Ingrédients

- 4 tasses de yogourt nature

- 1 tasse de bleuets

- 1 tasse de bananes coupées

- ½ tasse de chips de caroube

- gobelets en papier pour muffins

les directions

a) Mélanger tous les ingrédients ensemble

b) Mettre dans des moules à muffins et congeler

41. Biscotti aux bleuets et au bacon

Ingrédients

- 3 tranches de bacon croustillant

- 1 tasse de bleuets

- $\frac{3}{4}$ tasse de lait

- 1 $\frac{1}{2}$ tasse de farine de riz brun (ou farine de noix de coco)

- Pincée de cannelle facultative

les directions

a) Préchauffer le four à 400 degrés et tapisser une plaque à pâtisserie de papier sulfurisé

b) Mélanger tous les ingrédients et bien mélanger à la main

c) Façonner la pâte en bûches plates d'environ 2 pouces de large 1 pouce de long

d) Cuire 10 à 15 minutes jusqu'à ce que les bords soient légèrement dorés

e) Retirer du four, laisser refroidir puis couper en tranches de $\frac{1}{2}$ pouce

f) Remettre sur une plaque à biscuits et cuire 10 à 15 minutes supplémentaires jusqu'à ce que les morceaux soient croustillants

g) Refroidir et conserver au frais

42. Gâteries pour chiens maison à la citrouille et au beurre d'arachide

Ingrédients

- $\frac{1}{2}$ tasse de beurre d'arachide naturel

- 1 tasse de purée de citrouille 100 % pure, en conserve

- 1 $\frac{3}{4}$ tasse de farine de riz brun à grains entiers

les directions

a) Préchauffer le four à 350 degrés et tapisser une plaque à biscuits de papier parchemin

b) Dans un grand bol, mélanger le beurre d'arachide et la citrouille

c) Incorporer la farine $\frac{1}{4}$ tasse à la fois, jusqu'à ce que la pâte ne soit plus collante

d) Étaler la pâte entre deux feuilles de papier sulfurisé à $\frac{1}{4}$ de pouce d'épaisseur

e) Utilisez un emporte-pièce pour découper la pâte et placez-la sur une plaque à biscuits

f) Cuire au four à 350 degrés pendant 8 à 10 minutes, laisser refroidir et conserver dans un récipient hermétique

43. Lentilles et riz végétaliens

Ingrédients

- 2 parts de lentilles vertes cuites en purée

- 1 portion de riz brun cuit

- 1 portion de haricots verts

- 1 partie de citrouille naturelle en conserve

- Petit filet d'huile d'olive

- $\frac{1}{2}$ cuillère à café de Végédog

- $\frac{1}{4}$ cuillère à café d'enzymes prozymes

les directions

a) Cuire les lentilles et le riz jusqu'à ce qu'ils soient tendres

b) Ecraser les lentilles

c) Faire cuire les haricots verts à la vapeur

d) Mélanger les cinq premiers ingrédients ensemble

e) Ajouter des suppléments juste avant de nourrir

44. Nourriture saine pour chiens

Ingrédients

- 1 tasse de bouillon d'os

- 1 patate douce

- 2 pommes, graines complètement enlevées

- $\frac{3}{4}$ tasse de graines de lin moulues, de graines de citrouille ou de farine de chanvre

- 6 foies de poulet ou 2 foies de veau

- Les vitamines facultatives comprennent la vitamine A sous forme d'huile de foie de morue, l'EPA/DHA sous forme d'huile de krill, la vitamine E sans soja et l'eau de varech.

les directions

a) Ajouter tous les ingrédients ensemble et cuire dans une marmite instantanée, une mijoteuse ou un arrêt de cuisinière jusqu'à ce que tout soit tendre

b) Laisser refroidir puis mixer les aliments

c) Transférer dans des moules en silicone petits ou grands et congeler

d) Sortez la moisissure une heure avant le repas

45. Ruff Risotto

Ingrédients

- 1 cuillère à soupe d'huile d'olive pour faire revenir

- 1 chou frisé pelé et finement haché

- 2 oz. riz complet cuit

- 2 oz. maïs doux en conserve (biologique)

- 3 onces. poulet cuit coupé en morceaux

- 2 cuillères à soupe de yaourt nature

- Saupoudrer légèrement (quelques gouttes) d'huile de sésame avant de servir

les directions

a) Faire chauffer l'huile d'olive et faire revenir la pomme de terre jusqu'à ce qu'elle soit translucide

b) Ajouter le chou coupé. Continuer à remuer, ajouter le riz et le maïs doux

c) Ajouter le poulet puis remuer un peu plus longtemps; Réduire le feu au minimum. Remuer 2 à 3 minutes supplémentaires

d) Incorporer le yogourt, réduire le feu au réglage le plus bas possible. Couvrir et laisser cuire encore cinq minutes en remuant de temps en temps

e) Laisser refroidir complètement, puis saupoudrer de quelques gouttes d'huile de sésame

46. Bol de quinoa végétalien

Ingrédients

- 1 banane
- 1 tasse de pois
- 1 patate douce
- 2 tasses de quinoa

les directions

a) Cuire la patate douce au four (ou au micro-ondes) jusqu'à ce qu'elle soit tendre

b) Cuire le quinoa jusqu'à ce qu'il soit tendre

c) Hachez et mélangez tous les ingrédients!

47. Mijoteuse à viande double

Ingrédients

- 1 ½ livre de poitrine de poulet

- 20 onces de dinde hachée

- 2 pommes (épépinées et épépinées)

- 1 livre de carottes

- 1 livre de petits pois surgelés

- 1 tasse de riz brun

les directions

a) Mettre la viande dans la mijoteuse

b) Mettez les légumes dedans

c) Ajouter suffisamment d'eau pour recouvrir la viande

d) Cuire à feu doux pendant 9 heures

e) Mélanger ensemble

48. Ragoût de dinde au romarin

Ingrédients

- 6 tasses d'eau

- 1 livre de dinde hachée

- 2 tasses de riz brun

- 1 cuillère à café de romarin séché

- $\frac{1}{2}$ paquet (ou 8 onces) de combinaison de légumes surgelés (brocoli, carottes et chou-fleur)

les directions

a) Cuire la dinde et ajouter le romarin séché

b) Cuire le riz jusqu'à ce qu'il soit tendre

c) Mélanger les ingrédients ensemble

49. Chili pour chien fait maison

Ingrédients

- 4 poitrines de poulet

- 1 tasse de haricots rouges, égouttés

- 1 tasse de haricots noirs, égouttés

- 1 tasse de carottes, coupées en dés

- $\frac{1}{2}$ tasse de pâte de tomate

- 4 tasses de bouillon de poulet

les directions

a) Cuire et couper le poulet en dés

b) Ajouter tous les ingrédients dans une grande casserole et faire chauffer environ 10 minutes

50. Friandises au beurre de cacahuète

Ingrédients

- 2 tasses de farine (de blé ou de noix de coco généralement)
- 1 tasse de flocons d'avoine
- 1/3 tasse de beurre de cacahuète entièrement naturel
- 1 cuillère à soupe de miel naturel
- $\frac{1}{2}$ cuillère à soupe d'huile de poisson
- 1 $\frac{1}{2}$ tasse d'eau

les directions

a) Préchauffer le four à 350 degrés F

b) Mélanger la farine et l'avoine ensemble dans un grand bol à mélanger

c) Verser une tasse d'eau et mélanger jusqu'à consistance lisse

d) Ajouter le beurre de cacahuète, le miel et l'huile de poisson et mélanger jusqu'à ce que tous les ingrédients soient bien mélangés

e) Ajouter lentement l'eau jusqu'à ce que le mélange ait une consistance épaisse et pâteuse

f) Farinez légèrement une surface de cuisson. Rouler la pâte sur la surface de cuisson pour créer une feuille de 1/4 de pouce d'épaisseur

g) Utilisez un emporte-pièce pour créer des formes. Placer les biscuits sur une plaque à pâtisserie et cuire au four pendant 40 minutes

h) Laisser refroidir complètement avant de nourrir

FRIANDISES POUR CHATS

51. Poudre saine

Ingrédients

- 2 tasses de levure nutritionnelle
- 1 tasse de granules de lécithine

- 1/4 tasse de poudre de varech
- 1/4 tasse de farine d'os
- 1 000 milligrammes de vitamine C (moulue)

les directions

a) Mélanger tous les ingrédients ensemble dans un récipient de 1 litre et réfrigérer.

b) Ajouter 1 à 2 cuillères à café par jour à la nourriture

52. VarechSupplément en poudre

Ingrédients

- 2 tasses de levure nutritionnelle ou de levure de bière

- 1/4 tasse de poudre de varech

- 1 tasse de poudre de lécithine

- 1000 mg de vitamine C (ou 1/4 cuillère à café d'ascorbate de sodium)

les directions

a) Mélanger et réfrigérer.

53. Supplément de thé Kombu

Ingrédients

- 2 tasses de levure nutritionnelle ou de levure de bière

- 1/4 tasse de poudre de thé Kombu

- 1 tasse de poudre de lécithine

- 1000 mg de vitamine C (ou 1/4 cuillère à café d'ascorbate de sodium)

les directions

a) Mélanger ensemble; réfrigérer.

54. Oeufs au fromage

Ingrédients

- 3 oeufs
- 2 cuillères à soupe de lait
- 3 cuillères à soupe de fromage râpé
- 1 cuillère à soupe de margarine

les directions

a) Battre les œufs et les jaunes ensemble.

b) Incorporer le fromage râpé.

c) Faire fondre la margarine dans une poêle jusqu'à ce qu'elle grésille.

d) Ajouter le mélange d'œufs en remuant continuellement jusqu'à ce qu'il soit cuit.

55. Miaousli

Ingrédients

- 1 cuillère à soupe d'avoine

- 1/2 banane, écrasée

- 2 cuillères à soupe de yaourt nature

- 1/2 tasse de jus d'orange

- 1/4 pomme, hachée

- 2 onces de baies de saison

les directions

a) Mélanger les flocons d'avoine et les bananes, bien mélanger.

b) Ajouter immédiatement le yogourt, le jus d'orange et la pomme pour éviter qu'ils ne brunissent.

c) Écraser les baies et ajouter au mélange.

d) Servir en petites portions (1 cuillère à soupe par chat); trop de fruits peuvent provoquer des diarrhées dans un système digestif qui n'y est pas habitué.

56. Fromage s'il vous plait

Ingrédients

- 1/2 tasse de fromage râpé

- 2 cuillères à soupe de yogourt nature ou de crème sure

- Un peu de flocons d'avoine

- 2 cuillères à soupe de margarine ou de pâte à tartiner faible en gras

les directions

a) Écrasez tous les ingrédients ensemble en les ajoutant dans l'ordre indiqué ci-dessus et servez frais.

b) Aucune cuisson n'est nécessaire pour ce plat.

c) Certains chats n'apprécieront pas ce plat car il n'est pas à base de viande : d'autres l'adoreront.

57. Gelée de chat

Ingrédients

- 3 tasses de bouillon de poulet

- 4-1/2 cuillère à soupe de farine

- 1/4 tasse de carottes - coupées en petits cubes

- 3/4 tasse de viande hachée (cuite) morceaux de poisson - facultatif

les directions

a) Une fois le bouillon de poulet préparé, laissez-le refroidir pendant environ 2 minutes.

b) Ajouter toute la farine et mélanger.

c) Certaines farines peuvent ne pas se dissoudre, mais ce n'est absolument pas un problème (ce sera le cas lorsque vous chaufferez le mélange plus tard). Chauffer le mélange de bouillon et de farine à feu vif jusqu'à ce qu'un mélange crémeux épais se forme. Ajoutez immédiatement tous les autres ingrédients et versez tout le contenu de ce repas dans le récipient du chat.

d) Laissez-le durcir en substance gélatineuse avec les carottes, la viande hachée et le poisson en suspension.

e) Servir au chat.

58. Pommes de terre au félin

Ingrédients

- 3 tasses de pommes de terre bouillies tranchées
- 2 cuillères à soupe de légumes râpés
- 1/2 tasse de fromage cottage en crème
- 1 cuillère à soupe de levure alimentaire
- 2 cuillères à soupe de carottes râpées
- 1/4 tasse de lait entier
- 1/4 tasse de fromage râpé

les directions

a) Étalez les 5 premiers ingrédients dans un plat à gratin.

b) Versez ensuite le lait sur le tout; saupoudrer de fromage.

c) Cuire environ 15 minutes à 350F jusqu'à ce que le fromage fonde et brunisse légèrement.

d) Servir frais.

e) Comme substitut de pomme de terre, vous pouvez utiliser 3 tasses de flocons d'avoine cuits ou 3 tasses de riz brun cuit

59. Avoine charnue

Ingrédients

- 4 tasses de flocons d'avoine cuire jusqu'à ce qu'ils soient tendres, puis ajouter au reste des ingrédients, qui sont nourris crus.

- 2 oeufs

- 2 livres de bœuf maigre haché ou d'autres viandes, par exemple du poulet, de la dinde, du cœur, du lapin ou de l'agneau

- 1 cuillère à soupe de poudre 'Supplement'

- 2 cuillères à soupe de farine d'os ou 4 000 mg de calcium ou 2 cuillères à café de poudre de coquille d'œuf

- 2 cuillères à soupe d'huile végétale

- Vitamine A provenant par exemple de l'huile de foie de morue

- Vitamine E

- 1 cuillère à café de légumes crus frais, par exemple carottes, épinards, herbes, etc.

les directions

a) Combinez tout.

b) Un peu de foie peut être ajouté, mais n'utilisez pas uniquement du foie comme seule viande.

60. Sauté de poulet

les directions

a) Couper la poitrine de poulet crue en dés.

b) Faites chauffer l'huile dans un wok ou une sauteuse et faites cuire rapidement la viande à feu vif en remuant tout le temps.

c) Lorsque le poulet est presque cuit, ajouter quelques amandes effilées pour plus de croquant.

d) Laisser refroidir et servir avec un peu de riz blanc bouilli.

61. Condiment à la viande

les directions

a) Faire mijoter 500 g (1 lb) de foie et 500 g (1 lb) de poisson blanc doucement dans l'eau jusqu'à ce qu'ils soient cuits.

b) Faire tremper une tasse de nourriture sèche pour chat dans une demi-tasse de jus de tomate.

c) Égouttez le foie et le poisson, retirez les arêtes, mais conservez le liquide.

d) Placer tous les ingrédients, plus une cuillère à café d'huile de foie de morue, dans un robot culinaire, à l'aide de la lame en métal.

e) Utilisez le liquide économisé pour ajuster la consistance du mélange au goût du chat.

62. Kitty roll ups

Ingrédients

- 1 tortilla de farine
- 1/8 tasse de bouillon de poulet
- 1 tasse de poulet haché
- 1 cuillère à café de sel
- 1/8 tasse de crème (faible en gras)

les directions

a) Mélangez le poulet haché avec le bouillon de poulet dans le bol mélangeur.

b) Après que ceux-ci soient mélangés, versez le poulet au milieu de la tortilla.

c) Ajouter 1 cuillère à café de sel et 1/8 de tasse de crème sur le poulet.

d) Roulez maintenant seulement deux côtés de la tortilla jusqu'à ce qu'ils se touchent.

e) Pliez les autres côtés sur les côtés enroulés jusqu'à ce qu'ils se touchent.

f) Servez à votre chat !

63. Tacos de chaton

Ingrédients

- 1/2 lb de boeuf haché
- 1 cuillère à soupe de pâte de tomate
- 1 cuillère à café d'huile de maïs
- 1 tortilla de maïs, coupée en bouchées de chat
- 1/2 cuillère à café de poudre d'os
- 1/2 cuillère à café de levure de bière
- 1/2 cuillère à café de sel iodé
- 2 cuillères à soupe de fromage cheddar, râpé

les directions

a) Faire chauffer la poêle et commencer à dorer le bœuf haché.

b) Lorsque la viande est à moitié cuite, ajouter le poivron.

c) Cuire le mélange jusqu'à ce que les oignons soient translucides et que la viande soit dorée.

d) À feu doux, mélanger la pâte de tomate, l'huile de maïs, la tortilla hachée, la farine d'os, la levure de bière et le sel.

e) Remuer jusqu'à ce que le tout soit bien chaud.

f) Laisser refroidir et servir garni de fromage râpé.

g) Donne 2-3 portions.

h) Conserver les portions inutilisées dans un récipient hermétique et conserver au réfrigérateur.

i) Cela peut être donné à votre chat une ou deux fois par semaine.

64. Gâterie d'anniversaire pour minou

Ingrédients

- 1 à 2 poissons pochés, de préférence du saumon, sans peau ni arêtes
- 1 c. Yaourt nature
- Quelques gouttes de jus de citron frais

les directions

a) Pocher le poisson.

b) Mélangez ensuite le yaourt et le jus de citron et servez sur le poisson cuit.

65. Fête féline

Ingrédients

- 1 tasse de semoule de maïs ou de polenta

- 2 oeufs

- 2 cuillères à soupe d'huile végétale ou de beurre

- 2 livres de viande hachée

- 4 cuillères à soupe de supplément en poudre

- 2 cuillères à soupe de farine d'os

- Vitamine E

- 1 cuillère à café de légumes frais crus à chaque repas

- Avoine (2 tasses avant la cuisson) riz ou pommes de terre

les directions

a) Ajoutez environ 500 mg de taurine si vous cuisinez les viandes.

66. Œuf royal

les directions

a) Brouiller légèrement un œuf battu avec une cuillère à soupe de lait et incorporer les lamelles de saumon fumé.

67. Tentation aux crevettes

les directions

a) Mélanger les crevettes cuites avec du yaourt nature et les empiler sur des carrés de pain complet grillé.

68. Délice de saumon

les directions

a) Retirer les arêtes du saumon en conserve et mélanger avec les pâtes cuites.

b) Parsemer le dessus de fromage et faire fondre sous le gril. Refroidir avant de servir.

69. Steak tartare

les directions

a) Hacher finement du steak frais ou de la viande hachée et servir cru.

b) La viande crue ne doit être donnée qu'occasionnellement.

70. Tutti fruitti

Ingrédients

- 1 cuillère à café de cantaloup, haché

- 1 cuillère à café de pastèque, hachée

- 1 cuillère à café de raisins sans pépins, émincés

- 2 cuillères à café de fromage cottage

les directions

a) Mélanger les fruits et le fromage cottage dans un bol

b) Servir en guise de friandise.

71. Friandises au thon

Donne environ 60 friandises :

Ingrédients

- 1/2 tasse de farine de blé entier

- 1/2 tasse de lait en poudre sans gras

- 1/2 boîte de thon, dans l'huile OU 1/2 tasse de poulet cuit, coupé en petits morceaux

les directions

a) Combinez tout.

72. Bouillon de boeuf et légumes

Ingrédients

- 1/2 tasse de boeuf paré cru

- Quelques cuillères à soupe de bouillon de boeuf

- 2 cuillères à soupe de flocons d'avoine cuits

- 1 cuillère à soupe de poudre d'herbe d'orge séchée (à trouver dans un magasin d'aliments pour animaux)

- 1 légume haché cuit (le préféré de votre chat - les carottes sont souvent préférées)

les directions

a) Cuire le boeuf paré cru dans juste assez de bouillon pour couvrir, à feu moyen à doux.

b) Lorsque le bœuf est cuit, le déchiqueter à la fourchette et le mélanger avec le bouillon dans lequel il a été cuit. Ajouter les légumes hachés et la poudre d'herbe d'orge.

c) Bien mélanger. Ajoutez enfin la farine d'avoine pour obtenir la consistance que votre chat aime.

73. Soupe au poulet

Ingrédients

- 1 foie de poulet

- 1 abat

- 1 coeur de poulet

- 1 cou de poulet

- 2 tasses d'eau

- 1 cuillère à soupe de persil finement haché.

les directions

a) Combinez les ingrédients. Couvrir et laisser mijoter jusqu'à ce que l'abat soit tendre.

b) Broyer la viande au mixeur.

74. Soupe de sardines

Ingrédients

- 2 sardines en conserve

- Noix de beurre

- 1 tasse d'eau

- Quelques tiges de cresson

- Sauce de poisson (facultatif)

les directions

a) Mettez les sardines et la noisette de beurre dans une poêle à fond épais et faites chauffer à feu moyen.

b) Au fur et à mesure que la poêle chauffe et que le beurre fond, écrasez-y les sardines.

c) Lorsque le beurre a complètement fondu, verser l'eau et remuer jusqu'à ébullition.

d) Hachez soigneusement le cresson et versez-le dans la poêle.

e) Retirer la casserole du feu et laisser refroidir.

f) Réduire en purée et ajouter un trait de sauce de poisson.

75. Mieux que la salade d'herbe

Ingrédients

- 1 petite carotte pelée et râpée
- 1/4 tasse de courgettes pelées et râpées
- 1/2 tasse de germes de luzerne hachés
- 1 c. persil finement haché
- 1/8 tasse de bouillon de poulet
- 1/4 cuillère à café d'herbe à chat séchée ou fraîche

les directions

a) Mélanger les légumes dans un bol moyen.

b) Ajouter le bouillon de poulet et mélanger.

c) Saupoudrer d'herbe à chat et servir à température ambiante.

d) Conservez les restes au réfrigérateur jusqu'à 3 jours.

76. Ragoût de poulet et de pâtes

Ingrédients

- 2 paquets poulet haché (ou dinde)

- 2-3 petites carottes, cuites

- 2-3 tasses de macaronis (Cuits)

- 2 cuillères à soupe d'huile végétale

- Ail

les directions

a) Faire bouillir les macaronis jusqu'à ce qu'ils soient tendres.

b) Faites cuire le poulet dans une poêle.

c) Mélanger le tout au robot culinaire.

d) Ajouter l'huile et l'ail.

e) Bien mélanger.

77. Poulet et sardines

Ingrédients

- 1 boîte de sardines à l'huile d'olive
- 1/4 tasse de chapelure de grains entiers
- 1 oeuf, battu
- 1/2 cc de levure de bière
- 2 pilons de poulet cuits, désossés

les directions

a) Égouttez les sardines en réservant l'huile d'olive et écrasez-les.

b) Mélanger la chapelure, l'œuf et la levure jusqu'à l'obtention d'une consistance homogène et gluante.

c) Enrober les pilons de poulet uniformément dans le mélange.

d) Faire chauffer l'huile d'olive réservée dans une poêle puis ajouter les pilons enrobés et les faire revenir en les retournant fréquemment jusqu'à ce qu'ils soient dorés.

e) Retirer du feu et laisser refroidir avant de servir.

78. Cheeseburger au poulet

Ingrédients

- 2 oz. boeuf finement haché

- 2 oz. poulet finement haché

- 1 cuillère à soupe de soupe de poulet épaisse en conserve

- 2 oz. chapelure de grains entiers ou flocons d'avoine

- 1 carotte miniature, cuite jusqu'à ce qu'elle soit tendre

- 1 oeuf

- 1/2 tasse de fromage râpé

les directions

a) Écrasez la viande et le poulet avec la soupe puis ajoutez la chapelure ou les flocons d'avoine, la purée de carottes et l'œuf.

b) Faites deux petits hamburgers et faites griller (en laissant beaucoup plus saignant que vous ne le feriez pour vous-même).

c) Saupoudrer de fromage râpé et faire griller à nouveau jusqu'à ce que le fromage soit fondu.

d) Laisser refroidir jusqu'à ce qu'il soit chaud au toucher et servir.

79. Risotto au foie de volaille

les directions

a) Foie de volaille haché cuit une dizaine de minutes dans un bouillon bien parfumé.

b) Incorporer au riz bouilli nature et servir saupoudré de menthe ou de persil haché.

80. Hachis félin

Ingrédients

- 1 tasse de boeuf haché cuit
- 1/2 tasse de riz brun cuit
- 6 cuillères à soupe de germes de luzerne
- 3/4 tasse de fromage cottage à la crème

les directions

a) Mélanger les ingrédients ensemble et servir.

81. Foie au fromage

Ingrédients

- 1/3 tasse de fromage cottage

- 2 cuillères à soupe de Bisquick

- 1 cuillère à soupe de foie haché

- 1 cuillère à soupe d'huile de maïs

- 1 trait de sel iodé

les directions

a) Mélangez le tout pour obtenir 1 à 2 délicieuses portions pour chat

82. Foie sauté

les directions

a) Faites chauffer 1 cuillère à café d'huile de maïs dans une poêle.

b) Ajouter 1/4 lb de foie de boeuf et faire frire des deux côtés jusqu'à ce qu'il soit cuit mais pas sec à l'intérieur.

c) Ajouter 1/2 tasse d'eau dans la casserole et mélanger avec tous les morceaux bruns.

d) Broyer le foie au mixeur en utilisant le jus de cuisson.

83. Dîner croustillant à la truite

Ingrédients

- 1 jaune d'oeuf
- 1 petit filet de truite
- 3 cuillères à soupe de flocons d'avoine
- 1 cuillère à soupe d'huile végétale

les directions

a) Préchauffer le four à 350 degrés.

b) Battre l'œuf, y tremper le poisson, puis l'enrober de flocons d'avoine.

c) Mettez l'huile dans un petit plat allant au four et déposez-y le filet en le retournant une ou deux fois.

d) Cuire 15 minutes, retourner et cuire 15 minutes de plus.

e) Débarrassez le poisson dans un plat, laissez refroidir.

f) Couper en bouchées.

g) Conseil de dégustation : s'il vous semble un peu sec, ajoutez un trait de crème.

84. Fabuleuses boulettes de poisson

Ingrédients

- 3 petites carottes, cuites jusqu'à ce qu'elles soient tendres

- 16 onces. thon en conserve à l'huile d'olive, égoutté

- 2 oz. hareng cuit, peau enlevée

- 2 cuillères à soupe de chapelure de grains entiers ou de flocons d'avoine

- 2-3 cuillères à soupe de fromage râpé

- 2 cc de levure de bière

- Plusieurs pincées d'herbe à chat hachée

- 1 oeuf, battu

- 2 cuillères à soupe de pâte de tomate (pas de ketchup)

les directions

a) Préchauffer le four à 350F.

b) Écrasez les carottes avec le poisson, la chapelure ou les flocons d'avoine, le fromage, la levure de bière, l'herbe à chat, l'œuf et la pâte de tomate jusqu'à obtenir une pâte homogène.

c) Façonner en petites boules et déposer sur une plaque à pâtisserie graissée.

d) Cuire au four pendant 15 à 20 minutes, en vérifiant fréquemment : les boulettes de poisson doivent être dorées et fermes.

e) Bien refroidir.

85. Kipper suprême

Ingrédients

- 125 grammes. hareng cuit

- 1 tasse de restes de légumes-racines cuits

- 2 oeufs

- un peu de lait

- 1/2 tasse de fromage râpé

les directions

a) Préchauffer le four à 325 degrés.

b) Écrasez ensemble le poisson et les légumes.

c) Mettre le mélange dans un plat allant au four huilé.

d) Battre les œufs, le lait et le fromage ensemble et verser sur le mélange de poisson.

e) Cuire au four environ 20 minutes, jusqu'à ce que l'extérieur soit ferme mais que l'intérieur soit raisonnablement moelleux.

f) Retirer du four et laisser refroidir.

86. Kitty Sardines et riz

Ingrédients

- 2 tasses boîtes plates de sardines à l'huile

- 2/3 tasse de riz cuit

- 1 cuillère à soupe de foie

- 1/4 tasse de persil, haché

les directions

a) Combinez tous les ingrédients.

b) Remuer avec une cuillère en bois pour briser les sardines en bouchées.

c) Conservez la portion inutilisée au réfrigérateur, bien couverte.

87. Kedgeree

Ingrédients

- 1/3 tasse de riz blanc

- 1Cuillerée à soupemargarine ou pâte à tartiner faible en gras

- 3 onces. thon en conserve ou maquereau fumé, sans peau et désossé

- 1/2 œuf dur, écalé et finement haché Jaune d'1 œuf

- 1/2Cuillerée à soupeverser de la crème

les directions

a) Cuire et égoutter le riz.

b) Pendant que le riz cuit, faire revenir doucement la tomate hachée dans la margarine jusqu'à ce qu'elle soit tendre.

c) Ajouter le poisson et l'oeuf et poursuivre la cuisson en remuant sans cesse avec une cuillère en bois.

d) Mélangez le riz, toujours sur le feu, et remuez tout semble torride.

e) Incorporer le jaune d'oeuf, puis la crème.

f) Après quelques derniers brassages, verser sur une assiette et laisser refroidir.

88. Magie du maquereau

Ingrédients

- 2 tranches de bacon non fumé, grillées

- 1 tasse de riz brun cuit

- 2 cuillères à café de sauce soja, Worcestershire ou sauce de poisson

- 1 maquereau frais, étêté, équeuté, nettoyé et écaillé

les directions

a) Coupez le bacon en petits morceaux et mélangez-le avec le riz, en ajoutant la sauce en tirets au fur et à mesure.

b) Faire griller le maquereau des deux côtés jusqu'à ce qu'il soit brun croustillant.

c) Laisser refroidir, puis le fendre le long de l'estomac et l'ouvrir doucement.

d) Os, travaillant de la tête à la queue.

e) Remplir avec le mélange de riz et de bacon, fermer sur les côtés du maquereau et servir.

89. Pâté de saumon

Ingrédients

- 1 (6 onces) de saumon désossé et sans peau

- 1/4 tasse de chapelure

- 1/2 tasse de céleri finement haché

- 1 oeuf, battu

- 1 enveloppe de gélatine sans saveur

- 1/2 tasse d'eau

les directions

a) Préchauffer le four à 325 degrés F.

b) Ajouter tous les ingredients et mélanger les bien.

c) Mettre dans un petit moule en forme de poisson (ou autre petit moule) et enfourner pour 45 minutes.

d) Servir à température ambiante.

90. Mousse de souris au saumon

Ingrédients

- 125 grammes. saumon cuit, peau et arêtes retirées

- 1/2 tasse de lait écrémé

- 1 cuillère à soupe de margarine, ramollie ou à tartiner faible en gras, en crème

- 1 goutte de colorant alimentaire rouge

- Plusieurs crevettes cuites décortiquées

- Jusqu'à 1/2 tasse de gélatine préparée

les directions

a) Écraser le saumon cuit et ajouter graduellement le lait; alternativement mettre le saumon cuit et le lait dans un mélangeur ou un robot culinaire et mélanger jusqu'à consistance crémeuse.

b) Incorporer la margarine ou la pâte à tartiner faible en gras, ajouter le colorant alimentaire et battre vigoureusement jusqu'à consistance ferme.

c) Mettre dans un bol en verre ou un moule de manière à ce que le mélange le remplisse aux trois quarts.

d) Réfrigérer pendant 20 minutes, puis décorer avec les crevettes cuites et verser juste assez de gélatine chauffée pour les recouvrir.

e) Une fois que cette couche a pris, ajouter plus de gélatine au goût et laisser reposer pendant une heure dans un endroit frais ou au réfrigérateur.

f) Pour servir, retournez la mousse sur une assiette et divisez en portions.

91. Galettes de thon

Ingrédients

- 1 boîte de thon
- 1/2 tasse de riz bouilli
- 1/4 tasse de purée de foie
- 2-3 brins de persil haché

les directions

a) Égoutter le thon et mélanger le tout.

b) Faites 6 à 7 boules puis tapotez-les en galettes.

c) Conserver au réfrigérateur et servir à votre chat.

92. Pouding au poisson

Ingrédients

- 1 tasse de restes de poisson

- 1/2 tasse d'eau

- Environ 1/2 tasse de chapelure

les directions

a) Effilochez le poisson, réchauffez-le dans l'eau, ajoutez la chapelure.

b) Jusqu'à épaississement, remuer et cuire environ une minute ou deux, servir chaud.

c) Peut également être mis sur de la nourriture sèche pour chat comme friandise pour le dîner.

93. Poisson aromatique

les directions

a) Déposer les filets de merlan ou de charbon dans une papillote.
b) Verser un peu de lait, assaisonner et saupoudrer de coriandre finement ciselée.
c) Cuire au four pendant 20 minutes à feu moyen.
d) Une fois cuit, émiettez, en enlevant les os, et servez avec le liquide de cuisson versé dessus.
e) Garnir de coriandre

94. Tu dois avoir la semelle

Ingrédients

- 1/2 lb de filet de sole
- 2 cuillères à soupe d'oignon, haché
- 2 cuillères à soupe de persil, haché
- sel et poivre
- l'eau
- 1 cuillère à soupe de beurre
- 1 cuillère à soupe de farine
- 1/2 tasse de lait
- 1/4 tasse de fromage cheddar, râpé
- 2 cuillères à soupe de foie
- 1/2 cuillère à café de sel iodé
- 2/3 tasse de nouilles cuites, coupées en bouchées de chat

les directions

a) Mettre la sole dans un petit disque de cuisson graissé.

b) Saupoudrer d'oignon, de persil et d'une pincée de sel et de poivre.

c) Ajouter suffisamment d'eau pour couvrir tout juste le fond du plat.

d) Cuire dans un four préchauffé à 450 pendant 10 minutes.

e) Retirer du four, laisser refroidir et couper en morceaux de la taille d'un chat.

f) Faire fondre le beurre dans une petite casserole.

g) Incorporer la farine et chauffer jusqu'à ébullition.

h) Incorporer graduellement le lait et cuire en remuant constamment jusqu'à ce que le mélange épaississe.

i) Ajouter le fromage, le foie et le sel; remuer jusqu'à ce que le fromage soit fondu. NE PAS FAIRE BOUILLIR.

j) Ajouter le poisson haché et les nouilles à la sauce au fromage et bien mélanger.

k) Refroidir et servir.

l) Donne 4 à 6 portions.

m) Conserver les portions inutilisées dans un récipient hermétique et conserver au réfrigérateur.

95. Les croquettes de votre chat

Ingrédients

- 3 tasses de farine de blé entier
- 2 tasses de farine de soja
- 1 tasse de germe de blé
- 1 tasse de semoule de maïs
- 1 tasse de lait écrémé en poudre
- 1/2 tasse de levure de bière
- 1 (15 onces) peut maquereau
- 5 cuillères à soupe d'huile végétale
- 1 cuillère à soupe d'huile de foie de morue
- 2 tasses d'eau ou au besoin

les directions

a) Préchauffez le four à 350 degrés.

b) Mélanger tous les ingrédients secs dans un grand bol. Dans un autre bol, écraser le maquereau en petits morceaux.

c) Mélanger l'huile et l'eau.

d) Ajouter le mélange de maquereau aux ingrédients secs et bien mélanger.

e) La pâte est dure, alors utilisez vos mains.

f) Abaisser la pâte à environ 1/4" d'épaisseur et couper en morceaux de 1/4" à l'aide d'un couteau ou d'un coupe-pizza.

g) Monter les morceaux sur des plaques à biscuits graissées et cuire au four pendant 25 minutes.

h) Pendant la cuisson, remuez de temps en temps les morceaux avec deux cuillères en bois, afin qu'ils brunissent uniformément.

i) Éteignez le feu et laissez les friandises refroidir complètement avant de les retirer et de les conserver dans un récipient hermétique au réfrigérateur.

ALIMENTATION POUR LES ESTOMACS SENSIBLES ET PERTURBÉS

96. Écrasé au gingembre et à la citrouille

Ingrédients

- 1 boîte de purée de citrouille entièrement naturelle

- 1 cuillère à soupe de poudre de gingembre (la quantité est déterminée par la taille du chien ; une pincée devrait suffire)

les directions

a) Bien mélanger la poudre de gingembre avec la citrouille

b) Servir en petite quantité

97. Mélange de yaourt

Ingrédients

- 1 tasse de yaourt nature

- Pincée de gingembre en poudre

- $\frac{1}{2}$ tasse de citrouille

les directions

a) Mélanger les ingrédients ensemble

b) Servir en petite quantité

98. Poulet et yaourt

Ingrédients

- 1 livre de poulet

- $\frac{1}{2}$ livre de yaourt nature

- $\frac{1}{2}$ boîte de purée de citrouille

- $\frac{1}{2}$ tasse d'épinards

les directions

a) Faire bouillir le poulet jusqu'à ce qu'il soit bien cuit

b) Hacher les épinards

c) Mélanger tous les ingrédients et servir

99. Turquie Curcuma

Ingrédients

- 1 livre de dinde hachée
- Pincée de poudre de curcuma
- Pincée de gingembre en poudre
- $\frac{1}{2}$ tasse de yaourt nature

les directions

a) Poêler la dinde

b) Ajouter le curcuma et le gingembre à la dinde

c) Laisser refroidir et mélanger avec le yaourt et servir

100. Mélange de ventre

Ingrédients

- $\frac{1}{2}$ tasse de purée de citrouille

- $\frac{1}{2}$ tasse de yaourt nature

- $\frac{1}{2}$ tasse de banane

- Pincée de gingembre

les directions

a) Couper en dés et écraser la banane

b) Mélanger tous les ingrédients ensemble et servir en petites quantités

CONCLUSION

Les recettes de nourriture maison pour animaux de compagnie doivent être modifiées et adaptées aux besoins de votre animal. Il y a beaucoup d'opinions divergentes quant à savoir si vous devez ou non cuisiner la nourriture de votre animal de compagnie, certaines personnes préfèrent le régime alimentaire cru. Ce livre de cuisine vous équipera de toutes sortes de friandises, du cuit au cru !